¡Sin resolver!
Casos misteriosos

TIME
FOR KIDS

Lisa Greathouse
Stephanie Kuligowski

Consultores

Dr. Timothy Rasinski
Kent State University

Lori Oczkus
Consultora de alfabetización

Basado en textos extraídos de
TIME For Kids. *TIME For Kids* y el logotipo
de *TIME For Kids* son marcas registradas
de TIME Inc. Utilizados bajo licencia.

Créditos de publicación
Dona Herweck Rice, *Jefa de redacción*
Lee Aucoin, *Directora creativa*
Jamey Acosta, *Editora principal*
Lexa Hoang, *Diseñadora*
Stephanie Reid, *Editora de fotografía*
Rane Anderson, *Autora colaboradora*
Rachelle Cracchiolo, *M.S.Ed.*,
   Editora comercial

Créditos de imagen: pág. 11 Alamy;
págs.16–17, 18 (abajo) David Parker/Photo
Researchers, Inc.; pág.18 (arriba), págs.28–
29, 39 (arriba izquierda) iStockphoto; págs.
34–35 NASA; págs. 6–7, 14 (izquierda) EPA/
Newscom; págs. 15, 19 (centro) Solent
News/Splash News/Newscom; págs. 4,
36–37 WENN/Newscom; págs.19 (arriba),
32 ZUMA Press/Newscom; todas las demás
imágenes de Shutterstock.

Teacher Created Materials
5301 Oceanus Drive
Huntington Beach, CA 92649-1030
http://www.tcmpub.com
ISBN 978-1-4333-7060-1
© 2013 Teacher Created Materials, Inc.
Printed in Malaysia
THU001.50393

Tabla de contenido

Un mundo misterioso

Se han producido muchos avances en la ciencia y la tecnología. Pero muchas cosas de nuestro mundo siguen siendo misteriosas. En Tailandia, bolas de luz brillantes se elevan desde un río hacia el cielo una vez al año. En Honduras, caen peces del cielo todos los veranos. En el desierto de California, enormes rocas se deslizan por la tierra cuando nadie mira.

Estos extraños **fenómenos** pueden parecer extraídos de la ciencia ficción. Pero los sucesos que contiene este libro son hechos científicos. Mucha gente los ha presenciado. Han sido fotografiados y estudiados por científicos. Y aun así, continúan siendo misterios sin resolver.

En Honduras, caen peces del cielo todos los años.

En Tailandia, bolas brillantes de luz se elevan hacia el cielo desde un río una vez al año.

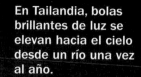

PARA PENSAR

La verdad puede ser más extraña que la ficción. Los científicos estudian nuestro mundo e intentan explicar por qué ocurren las cosas. Pero no pueden explicar estos extraños fenómenos.

▶ ¿Por qué crees que la gente ve criaturas que no existen?

▶ ¿Cómo podemos explicar los sucesos cuando nadie puede verlos o presenciarlos?

▶ ¿Por qué es importante investigar estos extraños sucesos?

Visiones y sonidos espeluznantes

El mundo está lleno de visiones y sonidos extraños. Hay **esferas** brillantes y bolas de fuego que se mantienen en el aire. Ocurren intensas explosiones. Y hay rocas que tintinean como campanas. ¡Millones de personas han tenido la suerte de ver y oír estos fenómenos misteriosos!

Ritos religiosos

Las bolas de fuego Naga aparecen con una precisión matemática al final del retiro espiritual budista. Algunos **budistas** creen que los dragones Naga del río Mekong lanzan las bolas de fuego al aire para celebrar la fiesta **religiosa**.

Bolas de fuego flotantes

Durante algunas noches de cada mes de octubre, la gente en Tailandia contempla un extraño espectáculo de luz. Esferas brillantes se elevan por encima del río Mekong. El tamaño de las luces varía de entre pequeñas chispas a esferas tan grandes como pelotas de baloncesto. Brillan en rojo y en rosa flotando hacia el cielo. Los habitantes las llaman *bolas de fuego* **Naga**. Los Naga son dragones que se cree que viven en el río. Los científicos dicen que son gases del fondo del río que se elevan a la superficie y se **prenden**. Esto ocurre todos los años. Pero los investigadores están intentando explicar este fenómeno.

Linternas de Jack de la naturaleza

En los Estados Unidos y en Canadá, se ven a menudo luces flotantes en los pantanos y en las ciénagas. Se llaman *fuego fatuo*, *linternas de Jack*, *hinkypunks*, o *luces de hadas*. Los científicos dicen que las plantas en putrefacción emiten productos químicos. Estos procesos pueden provocar luces parpadeantes.

Boin, boin, zap

Durante cientos de años, las bolas de fuego han **desconcertado** a los científicos. Los testigos hablan de bolas brillantes que flotan en el aire. Algunas veces botan en el suelo, crepitan o sueltan chispas. ¡Pueden incluso derretir el metal o el vidrio! Las bolas de fuego aparecen de forma inesperada dentro de un edificio y desaparecen rápidamente. Algunas veces incluso explotan.

El tamaño de las esferas pueden puede variar. Algunas son tan pequeñas como pelotas de tenis. Otras tan grandes como una pelota de playa. Habitualmente se producen durante las tormentas. A lo largo de la historia se han recogido unos 10,000 avistamientos de bolas de fuego. Pero los científicos son incapaces de explicar este extraño fenómeno.

Relato de una testigo

En 2011, Rose Bellamy estaba como reportera frente a un inmenso tornado que se dirigía hacia Joplin, Misuri. Una extraña visión captó su atención. Contó en el periódico local, "Vi bolas de fuego en el jardín, grandes bolas de fuego rojo del tamaño de pelotas de baloncesto balanceándose por el jardín. No tengo ni idea de qué era".

A prueba de fenómenos

En 2007, los científicos comprobaron la **teoría** de que los relámpagos caen sobre la tierra y causan **vapor**. Con este experimento, fueron capaces de crear bolas de fuego en el laboratorio. Los resultados dieron a los científicos una mejor idea de cómo ocurre este fenómeno misterioso en la naturaleza.

Paso 1

El relámpago cae sobre una tierra rica en elementos como el **silicio**, el aluminio o el hierro.

Paso 2

El calor del relámpago transforma la tierra en vapor.

Paso 3

El vapor se mezcla con el aire y comienza a arder.

Paso 4

El vapor flota a través del aire en forma de pequeñas esferas brillantes.

Paso 5

En 10 segundos, las bolas de fuego desaparecen o explotan.

Música de roca

El parque estatal de las rocas sonoras en Pensilvania es un lugar único. Es un campo abierto de rocas en el medio del bosque. Esto es extraño. Pero hay algo aún más extraño en este parque. ¡Las rocas hacen música!

Las rocas sonoras están compuestas de **diabasa**. La diabasa es un tipo de roca de la corteza terrestre. Cuando se golpean con un martillo, las rocas tintinean como campanas. Todas las rocas están hechas del mismo material. Pero aparentemente solo algunas de ellas producen sonidos. Algunas personas piensan que todas las rocas del parque suenan. Pero algunas producen sonidos que son demasiado bajos para el oído humano. Los científicos no han conseguido averiguar cómo se produce este sonido.

En 1890, el doctor J.J. Ott dio el primer concierto del mundo de rocas, tocando las rocas sonoras con un martillo.

Música del mundo

Las rocas sonoras se encuentran en Pensilvania, Montana, México, Inglaterra, Escocia y Australia.

Los visitantes tendrán la tentación de llevarse a casa una roca sonora, pero se llevarán una desilusión. Las rocas pierden su sonido musical cuando se separan de las otras rocas.

Efectos de sonido

Personas de todo el mundo han informado haber escuchado fuertes estruendos. Los sonidos no fueron causados por tormentas, ni por humanos. ¡Pero son lo suficientemente fuertes como para sacudir casas! Los científicos tienen muchas teorías sobre los estruendos. Algunos piensas que pueden ser provocados por pequeños terremotos. Otros los achacan a volcanes de barro. Incluso otras personas suponen que pueden estar provocados por meteoritos o por arena de dunas rugientes. Pero los investigadores tienen aún que encontrar pruebas.

Estos extraños sonidos han sido escuchados por todo el mundo. Gente de la costa de Carolina del Norte y del norte del estado de Nueva York ha escuchado estos estruendos. También se han escuchado en Bélgica, Italia, la India y Japón.

¿Podrían los volcanes provocar estos estruendos misteriosos?

Un fenómeno, muchos nombres

La gente en Bélgica llama a los grandes estruendos *mistpouffers*, que significa "eructos de niebla". En Italia los llaman *brontidi*. A finales de los años ochenta, el autor James Fenimore Cooper acuñó el término *Seneca guns* "cañones de Séneca" para los sonidos que sacuden el lago Séneca al norte del estado de Nueva York.

Los científicos utilizan algunas de las mismas herramientas que utilizan para estudiar los terremotos para investigar estos estruendos misteriosos.

Relato de un "testigo auditivo"

En el año 2005, un fuerte estruendo sacudió la costa de Carolina del Norte. Un hombre lo describió a un periódico local diciendo, "Se sintió como un terremoto. Sacudió cada casa del barrio".

Formas misteriosas

Extraños dibujos cubren la tierra en muchas partes del mundo. Se pueden ver formas peculiares en los campos. Otras aparecen en la arena de los desiertos. En Perú, la arena del desierto está decorada con dibujos inmensos. Muestran animales, plantas y personas. Círculos gigantes aparecen en los maizales de todo el mundo. Marcas en la tierra provocadas por rocas deslizantes sorprenden a los visitantes de *Racetrack Playa* en California. Estas extrañas marcas dejan más preguntas que respuestas. ¿Quién las dibujó? ¿Cómo lo hicieron? ¿Y, por qué?

Formas misteriosas cubren la tierra en muchas partes del mundo.

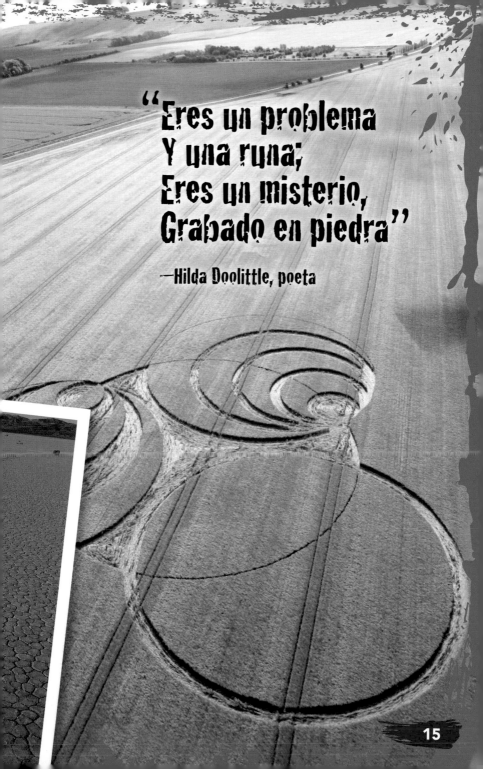

"Eres un problema
Y una runa;
Eres un misterio,
Grabado en piedra"

—Hilda Doolittle, poeta

Cultivos escalofriantes

Los **círculos de los cultivos** son dibujos que aparecen de repente en los campos de las granjas. Dentro de los grandes círculos, los tallos de los cultivos son aplastados. Los tallos aplastados y los que permanecen erguidos forman un dibujo. Los círculos de los cultivos pueden ser simplemente unos pocos círculos o formas detalladas. Se ven mejor desde arriba.

Muchos círculos de los cultivos aparecieron en Inglaterra en los años ochenta. Pero han sido observados en todo el mundo. Algunos de ellos han sido **engaños**. Pero algunos investigadores declaran que muchos de los círculos son demasiado perfectos para haber sido realizados por el ser humano.

Un empleo único

Un **cereólogo** es una persona que estudia los círculos de los cultivos. Muchos cereólogos creen que los círculos de los cultivos no son obra del ser humano. Buscan pruebas de que son seres **extraterrestres** los que hacen esos dibujos.

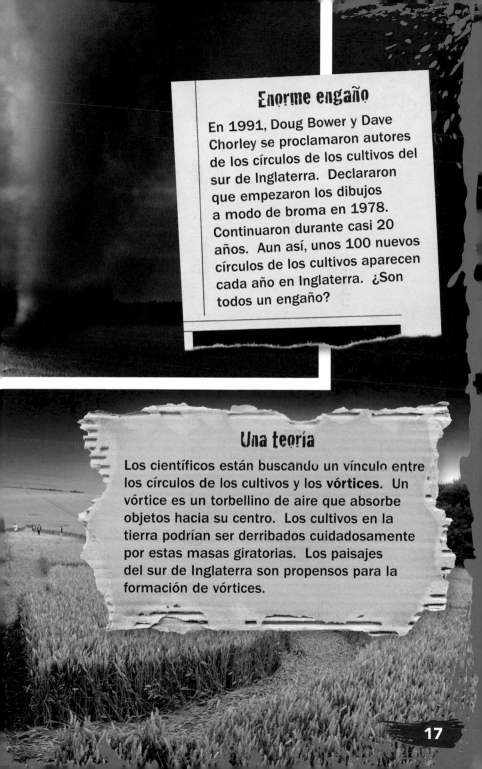

Enorme engaño

En 1991, Doug Bower y Dave Chorley se proclamaron autores de los círculos de los cultivos del sur de Inglaterra. Declararon que empezaron los dibujos a modo de broma en 1978. Continuaron durante casi 20 años. Aun así, unos 100 nuevos círculos de los cultivos aparecen cada año en Inglaterra. ¿Son todos un engaño?

Una teoría

Los científicos están buscando un vínculo entre los círculos de los cultivos y los **vórtices**. Un vórtice es un torbellino de aire que absorbe objetos hacia su centro. Los cultivos en la tierra podrían ser derribados cuidadosamente por estas masas giratorias. Los paisajes del sur de Inglaterra son propensos para la formación de vórtices.

Anatomía de un círculo de los cultivos

¿Cómo funciona? ¿Son los círculos de los cultivos un montón de hierbas quebradas? Sigue leyendo para averiguar por qué son tan curiosos estos círculos.

Los círculos de los cultivos pueden ser bellos e impresionantes.

Normalmente, los pájaros evitan volar sobre el espacio aéreo de los círculos.

Los tallos del grano de un círculo de cultivo están doblados en un ángulo de 90 grados sin romperse.

Algunos campos han tenido muchos círculos de los cultivos a lo largo de los años.

Muchos círculos de los cultivos se encuentran en Inglaterra en un radio de 20 millas de los misteriosos Stonehenge. Como ocurre con los círculos de los cultivos, nadie sabe cómo aparecieron esas rocas.

Dibujos en el desierto

En los años veinte, los pilotos sobrevolaron el Perú por primera vez. Declararon haber visto unos dibujos enormes en la arena del desierto. Había cientos de dibujos de animales, plantas y personas. Los dibujos más grandes son del tamaño de unos dos campos de fútbol americano. Estos **geoglifos** componen las líneas de Nazca. Los Nazca los crearon hace 2,000 años. Escarbaron en la capa superior de la Tierra para descubrir la tierra que estaba por debajo. Pero sigue habiendo una incógnita sin respuesta. ¿Por qué las personas de la época hacían dibujos que solo se podían ver desde el cielo?

Arte de línea

Las líneas de Nazca forman una variedad de dibujos. Más de 70 de ellos muestran animales como monos, llamas, jaguares, colibríes, peces, arañas, lagartijas, tiburones y orcas. Otras son simples figuras geométricas, árboles, flores e incluso personas.

Los Nazca pescaban en el océano 15 millas más lejos. Las fuertes lluvias, las inundaciones y las tormentas del océano pueden haber sido la razón de la muerte de los Nazca hace más de 1,500 años.

Ritos religiosos

La mayoría de los investigadores están de acuerdo con la teoría de que las líneas están relacionadas con las creencias religiosas de los Nazca. Algunos dicen que las líneas son caminos sagrados que conducían a lugares de culto.

Mapa misterioso

Observa estos lugares misteriosos de todo el mundo.

Carolina del Norte

Se han escuchado estruendos misteriosos en la costa de Carolina del Norte, así como en el Estado de Nueva York y en países de todo el mundo.

Pensilvania

El parque estatal de las rocas sonoras oficial se encuentra en Pensilvania. También se han oído rocas en México, en Inglaterra, en Escocia y en Australia.

Misuri

Quizá 1 de cada 150 personas ha observado bolas de fuego. Fueron vistas recientemente en Joplin, Misuri, en el año 2011.

El Perú

Las líneas de Nazca se pueden encontrar en el sur de Lima, en el Perú. La línea más antigua data del año 500 a. C.

Inglaterra

Los círculos de los cultivos se observaron por primera vez en Inglaterra. En la actualidad, es, aparentemente, un fenómeno que se da en todo el mundo.

¡ALTO! PIENSA...

- ¿Qué lugares te gustaría explorar?

- ¿Qué fenómeno misterioso crees que ha tenido el mayor impacto en la historia?

- ¿Por qué crees que no se han observado fenómenos misteriosos en África?

Tailandia

Este país lleva cientos de años celebrando una fiesta religiosa con las bolas de fuego Naga.

El bosque retorcido

En un pequeño bosque de Polonia, 400 extraños pinos crecen torcidos. Cada árbol se tuerce en 90 grados hacia el norte. Los árboles misteriosos fueron plantados en 1930. Cientos de árboles normales crecen alrededor de ellos. Esos árboles crecen rectos. Algunas personas creen que la curva de esos árboles fue provocada por el hombre. Creen que la gente, de alguna manera inclinó a los árboles hacia abajo hasta que comenzaron a crecer hacia otra dirección. Los científicos han estudiado el tamaño de los árboles. La curvatura debió de producirse entre los 7 y los 10 años después de que fueran plantados. Sigue sin quedar claro por qué o cómo alguien pudo hacer esto.

En el antiguo arte del bonsái, los árboles se plantaban en pequeños tiestos y se doblaban de manera intencionada para hacerlos parecer viejos y curtidos.

"El que planta un árbol planta una esperanza"

Lucy Larcom, escritora

Hay quien cree que los árboles de Polonia fueron diseñados para ser utilizados como paneles curvados para barcos.

Rocas que corren

El Valle de la muerte es el lugar más cálido de América del Norte. En este desierto de espeluznante nombre, las misteriosas rocas desconciertan a los científicos. Dentro del Valle de la muerte, hay un lugar llamado *Racetrack Playa*. El nombre viene de los caminos con forma de pistas de carreras que producen las rocas a su paso. Las rocas varían en tamaño. Algunas son solo pequeñas piedras, pero la más grande es una enorme roca de 700 libras. Algunos caminos miden más de 1,000 pies de largo. Por algún motivo, estas rocas se desplazan por los llanos. Nadie ha visto nunca las rocas deslizantes en movimiento. Pero los visitantes pueden ver las huellas que dejan a su paso.

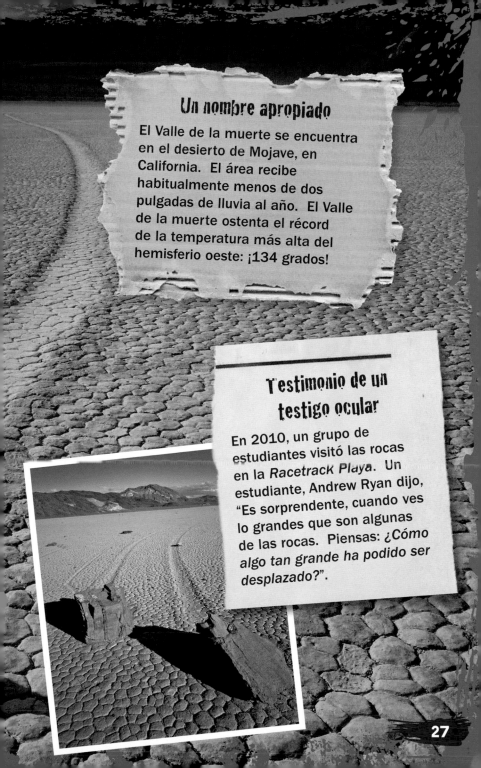

Un nombre apropiado

El Valle de la muerte se encuentra en el desierto de Mojave, en California. El área recibe habitualmente menos de dos pulgadas de lluvia al año. El Valle de la muerte ostenta el récord de la temperatura más alta del hemisferio oeste: ¡134 grados!

Testimonio de un testigo ocular

En 2010, un grupo de estudiantes visitó las rocas en la *Racetrack Playa*. Un estudiante, Andrew Ryan dijo, "Es sorprendente, cuando ves lo grandes que son algunas de las rocas. Piensas: ¿Cómo algo tan grande ha podido ser desplazado?".

Sucesos inexplicados

Los fenómenos de este capítulo son variados y extraños. Todos desafían a la lógica. Uno ocurre únicamente en la mente. Otro sucedió hace más de 100 años. El tercero impresiona a la gente cada año.

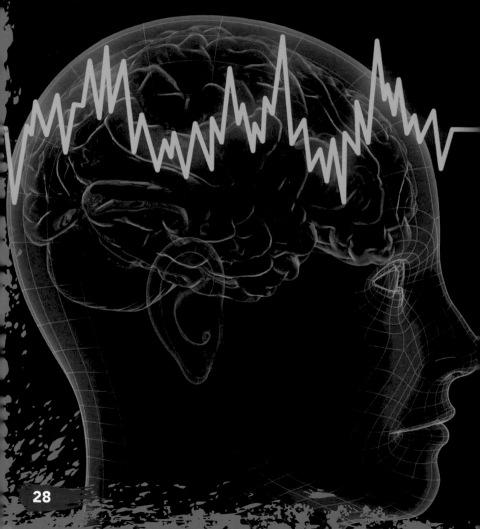

Ya he estado ahí, ya lo he hecho

Déjà vu es un término francés. Significa "ya visto", Se refiere a un extraño fenómeno que se produce en el cerebro. De vez en cuando, las personas tienen un sentimiento extraño. Pueden sentir que algún sitio les resulta conocido (incluso si nunca han estado allí antes). Están seguros de que ya lo han visto antes. La gente, a menudo, describe este suceso como *inquietante*.

Los investigadores del cerebro están investigando el *déjà vu*. Actualmente, están empezando a resolver el misterio. Dicen que puede ser provocado por un solapamiento de la memoria a corto y a largo plazo de la persona que lo padece.

El opuesto del déjà vu

Jamais vu es un término francés que significa "nunca visto". Describe una situación familiar que una persona no reconoce. Una persona que sufre un *jamais vu* siente que está experimentando algo por primera vez, aunque sea algo que haga de forma habitual.

¡Ya lo sabía!

¿Has sabido alguna vez algo que no sabías que sabías? Quizá lo aprendieras hace mucho tiempo y lo olvidaste. O quizá estuvieras usando la **percepción extrasensorial (PES)**. Significa poder saber algo sin usar los sentidos ordinarios. Normalmente, tocamos, vemos, oímos, saboreamos u olemos para aprender algo sobre el mundo. Pero algunas personas dicen que son capaces de predecir el futuro utilizando la percepción extrasensorial. Otras personas dicen utilizarla para comunicarse con miembros cercanos de su familia.

Intuición

Es posible que la PES no exista, pero la intuición sí. Cuando alguien comprende algo de manera intuitiva, lo comprende al instante. Los científicos creen que la gente que utiliza la intuición recurre a información pasada y a pistas muy pequeñas para tomar decisiones.

Los científicos experimentan el poder de la PES pidiendo a la gente que prediga la figura de una carta cualquiera.

Los científicos ponen a prueba la PES pidiendo a las personas que predigan el futuro. Les plantean preguntas que solo se podrían responder utilizando la PES. Es difícil asegurarse de que las personas no están recibiendo ninguna pista. Los científicos siguen sin estar seguros de que realmente exista la PES.

Información adicional

Hay quien cree que la PES existe, pero la mayoría de los científicos lo dudan. Puede ser que, como parece, la PES ocurre cuando se trata de algo realmente simple. Algunas personas pueden ser muy buenas leyendo e interpretando las expresiones y el lenguaje corporal de los demás. Otros creen que la PES ocurre cuando alguien es capaz de sentir hondas de pensamientos en el aire. Aun así, otros piensan que la PES no es más que una extraña coincidencia. ¿Tú qué piensas?

John Edward

John Edward es conocido por sus habilidades de PES. Desde que era un niño, la gente pensaba que tenía poderes especiales. Personas que han perdido a seres queridos le piden ayuda. Durante los últimos 20 años, John Edward ha intentado utilizar la PES para conectar a miles de personas con aquellos que fallecieron. Mucha gente piensa que sus declaraciones son precisas. Otra gente cree que está en lo correcto el 10 o 20 por ciento de las veces.

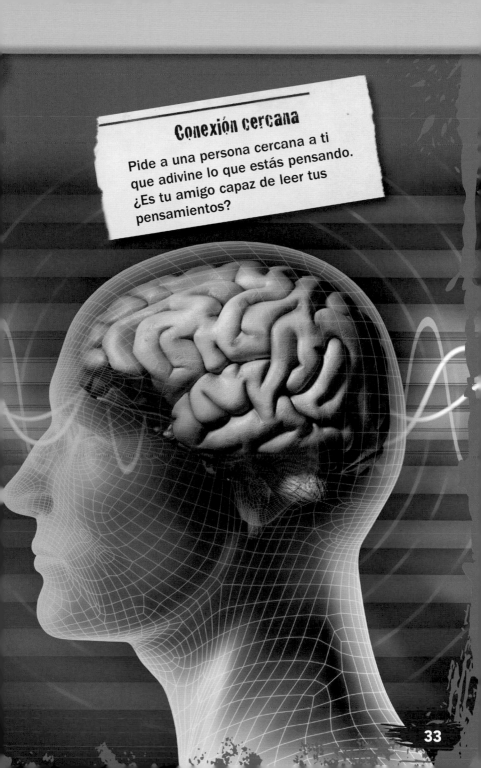

Conexión cercana

Pide a una persona cercana a ti que adivine lo que estás pensando. ¿Es tu amigo capaz de leer tus pensamientos?

Una fuerte explosión

En 1908, una explosión repentina sacudió Siberia, Rusia. La explosión derribó 800 millas cuadradas de bosque. Ochenta millones de arboles yacían en el suelo. Todos ellos apuntaban en una dirección distinta del **epicentro**. La explosión sacudió hasta hacer caer a un hombre de su silla, que se encontraba a cuarenta millas del centro. Dijo que el cielo se llenó de llamas. Sintió tanto calor que pensó que su ropa estaba ardiendo. Esta explosión se conoce como el fenómeno Tunguska. Tiene perplejos a los científicos desde hace más de un siglo.

¿Cayó el cielo?

Un **asteroide** es la causa más probable del fenómeno Tunguska. La roca espacial explotó probablemente sobre Siberia con la fuerza de 185 **bombas atómicas**.

Algunas personas creían que la explosión fue tan fuerte que podría haber sido provocada por un dios.

Testiminio de un testigo visual

Un hombre estaba trabajando en un establecimiento comercial el día del fenómeno de Tunguska. Esto es lo que describió,

"De repente, en el cielo del norte…el cielo estaba partido en dos y arriba, sobre el bosque, toda la parte norte del cielo parecía estar cubierta de fuego…En ese momento, se escuchó una explosión en el cielo y un fuerte golpe…Al golpe le siguió un ruido como de rocas cayendo del cielo, o de cañones disparando. La tierra temblaba".

¿Está lloviendo qué?

Imagina estar caminando por la calle cuando empiezan a caer ranas del cielo como la lluvia. Después de unos minutos, el chubasco acaba. La tierra está cubierta de ranas. ¡Puede parecer de ficción, pero las lluvias de animales son un hecho demostrado!

La gente ha informado de lluvias **extrañas** desde hace miles de años. Ranas, peces, gusanos y mejillones han caído por todo el mundo. Los científicos aceptan el hecho de que los animales caen del cielo, aunque no son capaces de explicar cómo se produce.

Lluvia de pescado

Llueven peces todos los veranos en Honduras. Para hacerlo aún más extraño, los peces que caen del cielo no son **nativos** de la región. Los habitantes celebran el fenómeno cocinando y comiéndose los peces.

Lluvias extrañas

Observa las más raras condiciones meteorológicas que ha vivido nuestro mundo.

1861
Singapur
peces

1873
Misuri
ranas

1877
Carolina
del Sur
**crías de
aligátores**

1894
Inglaterra
medusas

1901
Minesota
ranas

1947
Luisiana
peces

1989
Australia
peces

2007
Argentina
arañas

2009
Japón
ranas

2011
Escocia
gusanos

Herramientas de trabajo

Los científicos están entrenados para plantear preguntas, crear **hipótesis** y comprobar sus teorías. Los métodos científicos se pueden utilizar para responder a preguntas como "¿Qué provoca las bolas de fuego Naga?" o, "¿Afectan los terremotos al clima?" Los científicos utilizan una gran variedad de herramientas para observar fenómenos misteriosos y comprobar sus teorías. El trabajo de estos investigadores nos ayuda a descubrir la verdad sobre nuestro extraño mundo.

Un contador Geiger detecta energía que puede ser mayor o menor de lo normal.

Algunas cosas se tienen que ver para creerse. Una cámara es una herramienta importante para grabar sucesos extraños.

Las gafas de visión nocturna permiten a los investigadores ver en la oscuridad.

Los micrófonos permiten a los científicos grabar los sonidos extraños. Las videocámaras capturan los sucesos mientras las personas se encuentran a una distancia segura.

Un sismógrafo registra las vibraciones de la Tierra.

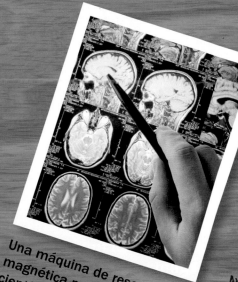

Los investigadores deben llevar siempre un cuaderno de notas encima. Es útil para apuntar las observaciones en el campo.

Una máquina de resonancia magnética permite a los científicos observar cómo funciona el cerebro.

La verdad está ahí fuera

Hace muchos años, las mentes más brillantes del mundo decían que la Tierra era plana. La gente pensaba que las fiebres y los terremotos eran provocados por dioses en cólera. La ciencia ha **desmentido** esos mitos. Pero muchos misterios aún a día de hoy siguen sin explicación. Los investigadores tienen teorías sólidas sobre las bolas de fuego y los *déjà vu*. Pero no es el caso con las rocas sonoras, los círculos de los cultivos y las lluvias de animales. Estos fenómenos son más difíciles de explicar. Algo es seguro: ¡los científicos del futuro tendrán un montón de preguntas por responder sobre este mundo!

¡Qué crees TÚ sobre estos fenómenos?

Glosario

asteroide: una roca que orbita alrededor del sol

bombas atómicas: armas nucleares muy peligrosas

budista: una persona que practica la religión llamada Budismo

cereólogo: persona que estudia los círculos en los cultivos, especialmente aquellos que creen que los círculos no están hechos por el ser humano

círculos de los cultivos: grandes figuras geométricas creadas por ramas de cultivos aplastadas, se ven mejor desde arriba

déjà vu: un suceso en el cerebro que provoca un sentimiento de haber experimentado algo con anterioridad

desconcertado: confundido o perplejo

desmentido: que se ha probado su falsedad

diabasa: tipo de roca que compone la corteza terrestre y que también se encuentra en el Parque estatal de las rocas sonoras en Pensilvania

engaños: trucos preparados para que la gente crea que algo es cierto cuando no lo es

epicentro: el centro o punto focal exacto

esferas: objetos con forma de círculo

extrañas: raras o fuera de lo común

extraterrestres: fuera de los límites de la Tierra

fenómenos: acontecimientos que están fuera de lo común y suscitan el interés y la curiosidad de las personas

geoglifos: grandes dibujos creados en la tierra

hipótesis: ideas creadas para explicar algún fenómeno inexplicado

jamais vu: un suceso en el cerebro que provoca un sentimiento de nunca haber vivido un acontecimiento familiar con anterioridad

Naga: dragones que se cree que viven en el río Mekong, en Tailandia

nativos: que han nacido y viven en un lugar del que lo son

percepción extrasensorial (PES): la capacidad que tienen algunas personas para saber cosas sobre su entorno sin utilizar los cinco sentidos

prender: arder en llamas

religiosa: relativo a una creencia en un poder superior

silicio: un elemento no metálico que se encuentra en la tierra del planeta

teoría: una serie de hechos o principios analizados y utilizados para explicar un fenómeno

vapor: humedad visible en el aire como niebla, nubes, gases o humo

vórtices: masas de aire rotantes

Índice

Bibliografía

Allen, Judy. *Unexplained: An Encyclopedia of Curious Phenomena, Strange Superstitions, and Ancient Mysteries.* **Kingfisher, 2006.**

Lee sobre muchos de los fenómenos descritos en este libro, incluidas las lluvias de ranas y los círculos en los cultivos. También aprenderás sobre otros fenómenos que han dejado atónitos a los científicos durante años.

Dennis, Jerry. *It's Raining Frogs and Fishes: Four Seasons of Natural Phenomena and Oddities of the Sky.* **HarperPerennial, 1993.**

Este libro investiga climas y tormentas extraños que han ocurrido a lo largo de la historia. Habla sobre los fenómenos de las lluvias de ranas y peces.

Helstrom, Kraig. *Crop Circles.* **Bellwether Media, 2011.**

Investiga los círculos en los cultivos en todo el mundo con este libro. Aprenderás las diferentes hipótesis acerca de dónde vienen los dibujos y explorarás la historia de su aparición en el mundo.

McMullen, David. *Mystery in Peru: The Lines of Nazca.* **Contemporary Perspectives, 1997.**

Este libro habla sobre el misterio de las líneas de Nazca en el Perú. Realiza hipótesis sobre para qué eran utilizadas en otras épocas por los Incas.

Más para explorar

Poland's Crooked Forest
http://news.discovery.com/earth/polands-crooked-forest-mystery-110628.html

Busca el *"Poland's crooked forest"* para aprender más sobre este misterio y ver más fotografías.

Nazca Lines
http://www.go2peru.com/nazca_lines.htm

Léelo todo sobre las líneas de Nazca en este sitio web. Incluye información y una galería de fotos.

Ringing Rocks
http://www.unmuseum.org/ringrock.htm

Este artículo habla sobre las rocas sonoras de Pensilvania. Incluso contiene un enlace hacia grabaciones de los sonidos para que puedas escuchar por tu cuenta cómo suenan las rocas.

National Geographic for Kids
http://kids.nationalgeographic.com/kids/

El sitio web para niños de *National Geographic* contiene información sobre varios temas de todo el mundo y proporciona fotos y vídeos de paisajes naturales y vida salvaje, así como juegos y otras actividades.

Acerca de las autoras

Lisa Greathouse se crió en Brooklyn, Nueva York y se graduó como licenciada en Inglés y Periodismo en la Universidad del Estado de Nueva York. Fue periodista de la *Associated Press* durante 10 años y cubrió noticias de todo tipo, desde ciencia y tecnología hasta negocios y política. También trabajó como editora de una revista de la industria alimenticia, como editora de un sitio web de una universidad y como autora de muchas publicaciones educativas. Está casada, tiene dos hijos y vive en el sur de California. Siempre lleva consigo un cuaderno de notas para poder apuntar sucesos misteriosos mientras están ocurriendo.

Stephanie Kuligowski se graduó como licenciada en Periodismo en la Universidad de Missouri y realizó una maestría en docencia en *National Louis University*. Trabajó como corresponsal y columnista de un periódico antes de convertirse en docente. Stephanie enseñó en quinto grado durante siete años. Vive con su marido y sus dos hijos en Crystal Lake, Illinois, donde le encanta practicar PES.